はじめての糸紡ぎ

はじめて糸を紡いでみようという方へ

羊毛を洗うところから始めて

紡ぎ方の基本をやさしく紹介します。

紡ぎ・織り：松谷恭子

JN225935

ひつじ・羊・ヒツジ

フリース

糸紡ぎ

羊の毛から毛糸ができる

手紡ぎ糸
Hand Spun Yarn

赤、ピンク、黄、緑…
色とりどりの毛糸玉。
ながめているだけで
わくわくしてきます。

子供の頃、母に連れられて
はじめて入った
毛糸屋さん。
棚いっぱいの毛糸玉。
こんなにきれいな糸に囲まれて
毎日過ごすことができたら
どんなに幸せだろう。

そんな気持ちが大人になっても
時々ふっとよみがえります。

自分で糸が作れるの?
いろんな色に染めたりできる?

糸：木原ちひろ

糸紡ぎ物語
Story of Spinning

Shearing

毛糸は羊の毛からできています。
羊が1年かけて伸ばした毛（ウール）を
春になったら羊飼いがバリカンで毛刈りをします。
羊をお尻で座らせて、背中からしっかりささえてやると
羊は落ち着いて気持ち良さそう。毛刈り職人なら2〜3分で
羊は冬のコートを脱ぐように、くるんと丸裸になってしまいます。

Fleece

毛刈りされた、一続きの羊毛をフリースといいます。
ゴミや泥や糞の付いたところを取り除き
毛質や用途に合わせて仕分け
細い毛ならマフラーや肌着、中番手の毛でセーターやブランケット
そして太い毛からは敷物など、羊の種類によって使い道が違います。

Scouring

フリースは、まず洗うところから。
洗剤の入った湯に羊毛をつけこんで
ザルにあげ、一握りずつ優しく洗っていきます。
すすいで干して乾かすと、びっくりするくらい真っ白で
ふわふわに膨らみます。

Carding

このまま紡いでもいいし、染めてもいいし…。
でも、紡ぐ前にはハンドカーダーでほぐします。
色や毛質の違う羊毛を混ぜれば
自分の思い通りの糸が作ることができます。

Spinning

さあ、糸を紡ぎましょう！
きれいにカードされた羊毛を
手で伸ばしながら撚りをかけていくと
するする糸になっていきます。
昔話に出てくるような、くるくる回る足踏みの糸車。
糸を紡ぐって、どんな気分…？！

大きな糸車がなくても、スピンドルという
小さなコマでも糸を作れます。
これなら歩きながらでも紡げます。

Sweater・Muffler

糸ができたら、編んだり織ったり。

羊毛はフェルト化するので、石けん水でこすって帽子やバック
モンゴルのゲルだって作れます。

ふわふわの羊の毛からできる、いろいろなもの。

Let's spinning !

羊の毛から糸を作る

Process of Spinning

羊 羊の毛刈り 🎥 スカーティング 🎥 洗毛 染色
ソーティング

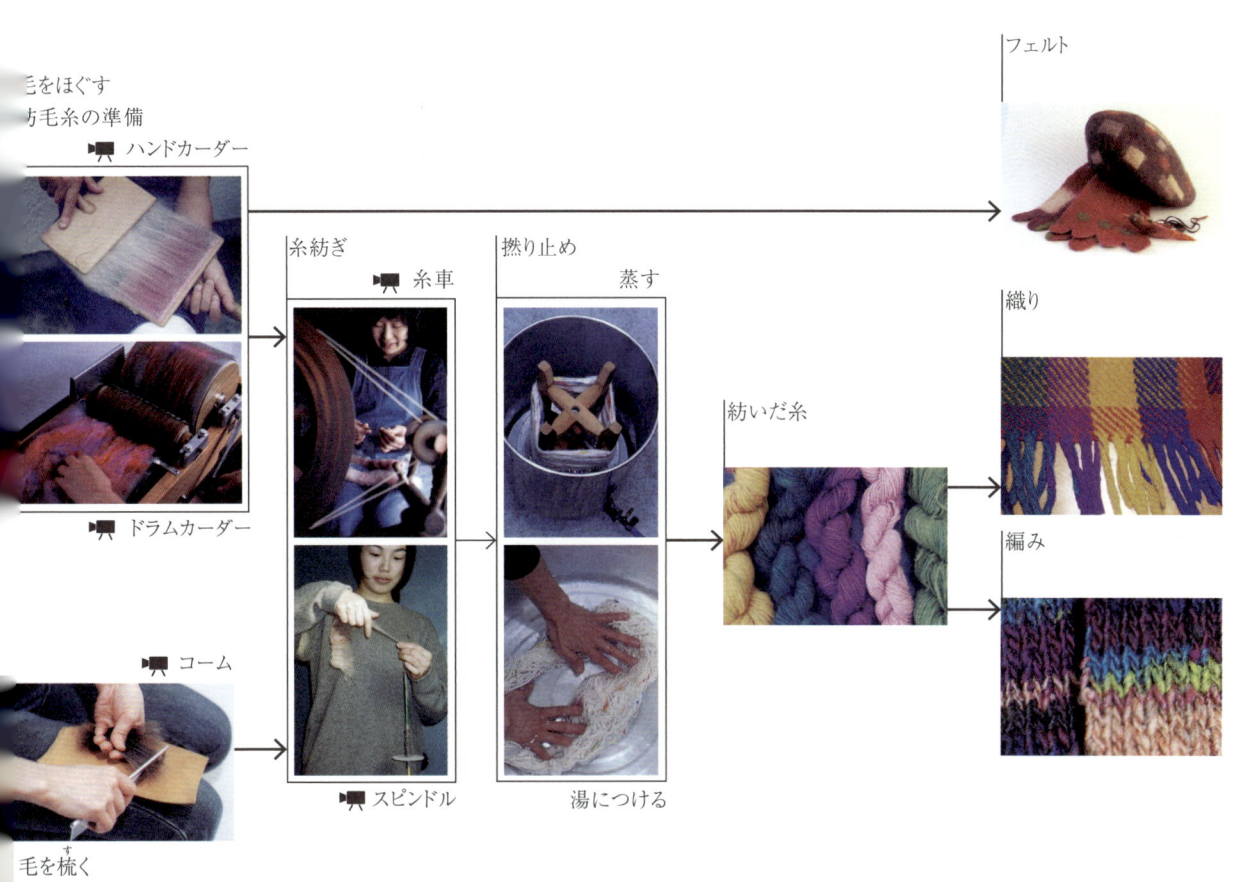

毛をほぐす
紡毛糸の準備
▶️ ハンドカーダー

糸紡ぎ
▶️ 糸車

撚り止め
蒸す

フェルト

紡いだ糸

織り

編み

▶️ ドラムカーダー

▶️ コーム

▶️ スピンドル

湯につける

毛を梳く
梳毛糸の準備

※ ▶️ マークのついている項目はDVD（別売り）に動画を収録しています。

羊の毛メリリ
Shearing ▶️

春になったら
羊の毛刈り。

刈り取られた羊毛は
一枚に広げることができ
これをフリースと呼びます。

冬のコートを脱ぐように
羊も気持ち良さそう。
羊飼いは一年で一番張り切る季節。
しっかり羊を抱きかかえると
羊の甘いにおい。
羊は人間と同じくらいの
体重（50〜80 kg）だから
女の人でも毛刈りできます。
刈り取られたフリースには
羊の温かさが残っています。

春は人と羊のラブシーズンです。

はさみで毛刈りする
羊飼い宮本千賀子さん

汚れた毛を取り除く
Skirting ▶■

毛刈りをしたら、すぐにフリースをすのこ台（グランドシートでも可）の上に広げて、ゴミや汚れのひどいところ（裾物）を取り除く作業をします。これを「スカーティング」といいます。

裾物（取り除くべき汚れた羊毛）
（すそもの）

ネック：肩の毛に近い毛質。毛先がややフェルト化していますが比較的細めの毛質。藁ゴミなどの含有も多い。

ファースト ピース：フリースのまわり全体。泥の含有が多く毛先に泥がこびりついていることが多く黄ばみなど色ツヤはやや悪いものの、毛足は長い。

ベリー：腹部のプレスされた毛。泥・夾雑物の含有は多く、色ツヤの悪い毛です。しかし、見た目よりも実際の毛長が長い場合もあります。

クラッチング：お尻まわりの毛。泥や糞がこびりついている場合があります。毛足は比較的短く、ケンプが混ざっていたりします。

モーイット：藁ゴミなど夾雑物の多い所。主に背筋（バック）や首のまわり。

部位による仕分け
Sorting

フリースを広げてよく見ると、頭の方の毛は細く、お尻の方は太くてゴワゴワしてる場合があります。それぞれ用途に合わせて使い分けることを「ソーティング」といいます。

フリースによっては一頭の中で毛質の違うものもあれば、ほとんど均一なフリースもあります。必ずソーティングはしなければいけない訳ではなく、毛質が違ったときだけ、その部位によって使い方を考えていきます。

フリースの部位

ネック：毛先はややフェルト化していますが比較的細めの毛質。

ショルダー：フリース中一番良質の毛が採れます。

サイド：フリース中、平均的な毛質。ショルダーよりは、毛足も短く太番手になり色ツヤもやや劣ります。

バック：雨風にさらされ、根元に脂やゴミが入っていたり、毛先はやや乾燥しています。

ブリッジ：毛質が太くなり、ヘアーやケンプを含むこともあります。

フリース全体

＊裾物の使い道
こうして取り除かれた裾物はの中で、藁ゴミや糞は土に混ぜて堆肥にできます。泥汚れのひどい所はフリースとは別洗いにします。湯の温度を上げ洗剤量を増やして洗えば、糸にできる場合もあります。

裾物

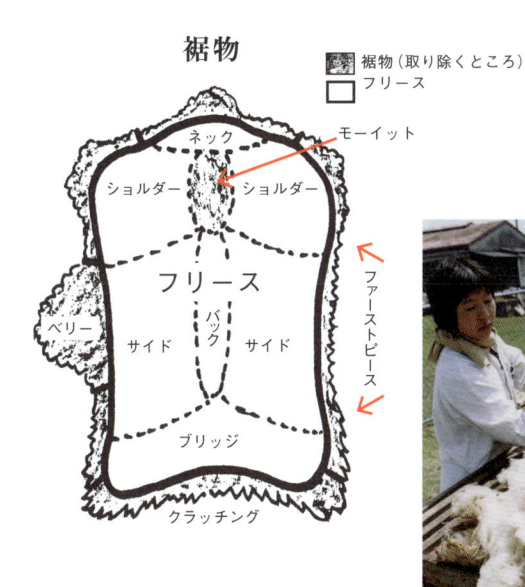

裾物（取り除くところ）
□ フリース

ネック
ショルダー　　ショルダー
モーイット
フリース
ベリー
サイド　バック　サイド
ファーストピース
ブリッジ
クラッチング

フリースは丸めて俵状にします。

Wool ・ 羊毛
Fleece ・ フリース
Greasy Wool ・ 汚毛

毛刈りしたての羊の毛・フリースには、泥や藁ゴミ、草、種、それに羊の汗や、脂、糞などが含まれています。

羊の毛は一頭の中でも肩や尻、フリースの部位によっても毛質は違います。例えば中番手のチェビオットなら、ショルダー（肩）の柔らかい毛はマフラーに、サイドの一番多い部分はセーターや服地に、お尻の硬い毛はソックスや敷物に使い分けても良いでしょう。

刈り取った羊毛は、まず洗い、染めて糸に紡いでいきますが、きれいなフリースならそのまますぐに紡ぐこともできます。

糸紡ぎは羊毛の状態や、作る物によって手順が変わってきます。

フリースを選ぶ

何を作りたいかによって、それに適した羊毛を選びます。でも、それほど神経質にならなくてもマフラーを作りたいと思ったら、その毛を自分の首筋に当ててみて、ちくちくしなければその羊毛はマフラーに適していると判断できます。また、手触りがどんなに柔らかくて好きでも、靴下にするなら丈夫な繊維でなくてはすぐに穴があいてしまいますので、太めの繊維を選びます。

世界中には3,000種類もの羊の品種があるともいわれています。その一つ一つの名前を知らなくても、毛の特徴「柔らかい」「弾力がある」「光沢がある」「白髪っぽい」この4つの手触りを理解していれば、それぞれのフリースの違いが見えてきます。また繊維の細さ（毛番手）でも見分けられます。細番手の毛でマフラーや肌着など肌に触れるもの、中番手の毛で衣服、そして太番手の毛で敷物に使いわけることができます。

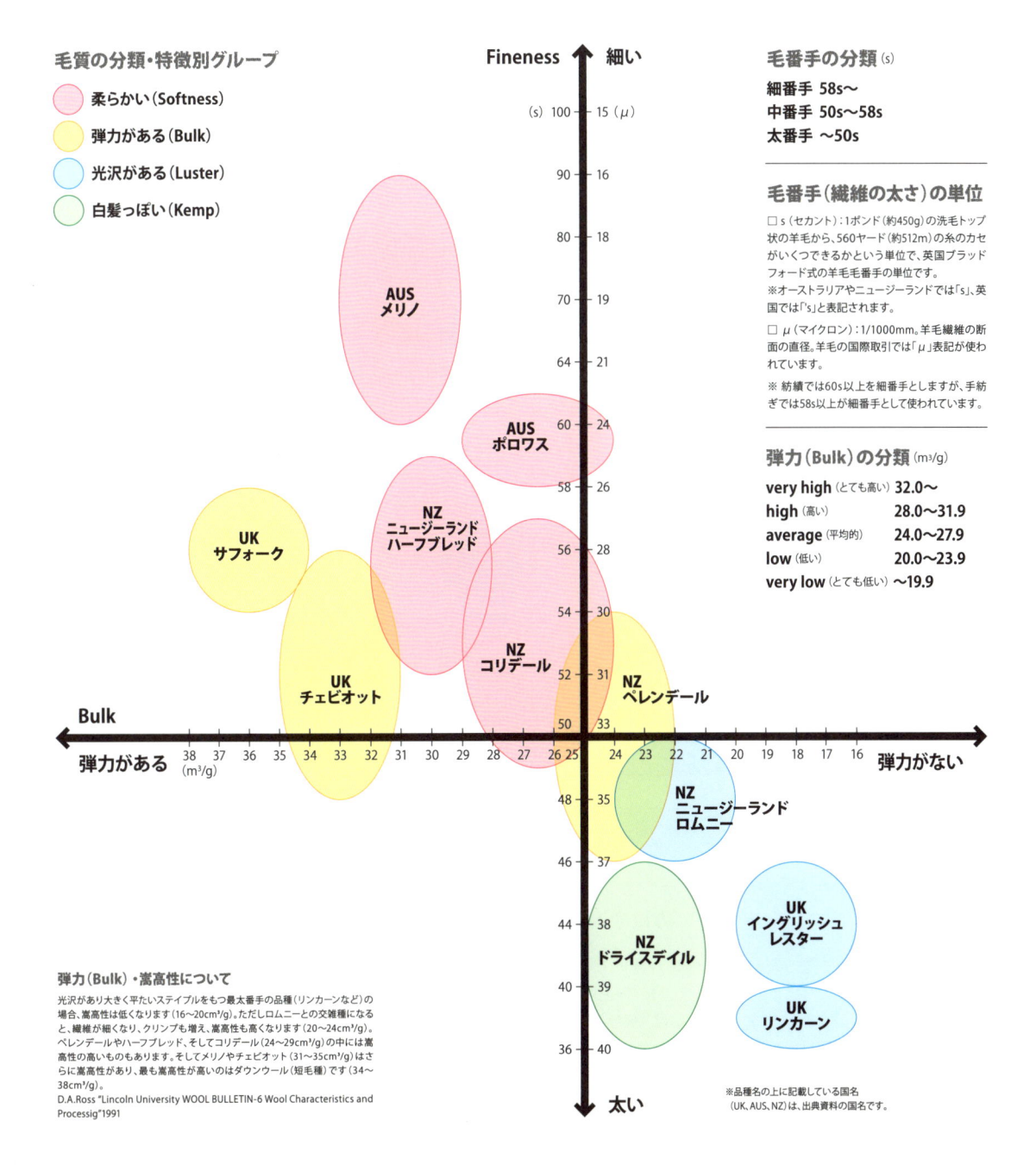

毛質の分類・特徴別グループ

- 🔴 柔らかい（Softness）
- 🟡 弾力がある（Bulk）
- 🔵 光沢がある（Luster）
- 🟢 白髪っぽい（Kemp）

毛番手の分類 (s)

細番手 58s〜
中番手 50s〜58s
太番手 〜50s

毛番手（繊維の太さ）の単位

□ s（セカント）：1ポンド（約450g）の洗毛トップ状の羊毛から、560ヤード（約512m）の糸のカセがいくつできるかという単位で、英国ブラッドフォード式の羊毛毛番手の単位です。
※オーストラリアやニュージーランドでは「s」、英国では「's」と表記されます。

□ μ（マイクロン）：1/1000mm。羊毛繊維の断面の直径。羊毛の国際取引では「μ」表記が使われています。

※ 紡績では60s以上を細番手としますが、手紡ぎでは58s以上が細番手として使われています。

弾力（Bulk）の分類 (m³/g)

very high（とても高い） 32.0〜
high（高い） 28.0〜31.9
average（平均的） 24.0〜27.9
low（低い） 20.0〜23.9
very low（とても低い） 〜19.9

弾力（Bulk）・嵩高性について

光沢があり大きく平たいステイプルをもつ最太番手の品種（リンカーンなど）の場合、嵩高性は低くなります（16〜20cm³/g）。ただしロムニーとの交雑種になると、繊維が細くなり、クリンプも増え、嵩高性も高くなります（20〜24cm³/g）。ペレンデールやハーフブレッド、そしてコリデール（24〜29cm³/g）の中には嵩高性の高いものもあります。そしてメリノやチェビオット（31〜35cm³/g）はさらに嵩高性があり、最も嵩高性が高いのはダウンウール（短毛種）です（34〜38cm³/g）。
D.A.Ross "Lincoln University WOOL BULLETIN-6 Wool Characteristics and Processig"1991

※品種名の上に記載している国名（UK, AUS, NZ）は、出典資料の国名です。

羊毛を洗う
Scouring

フリースを手に入れたら、まず汚れ具合を見ます。
きれいなフリースだったらそのまますぐに紡いでもかまいません。（→40ページ）
でも泥や脂が気になれば、まず洗うところから始めます。

1 液体モノゲンを溶かす

洗剤・液体モノゲンを湯に溶かします。量は洗いたい羊毛の量の5〜10%（汚毛100gの場合は液体モノゲン5〜10g）、汚れ具合によって洗剤の割合を変えます。

2 羊毛をつけこむ

羊毛の量の30倍量の湯（約40〜60℃、脂分が多い程温度を上げる）を用意し、それに[1]で用意した洗剤液を入れ羊毛を1時間程つけこみます。この時、蓋などして温度を下げないように気をつけること。

＊泥汚れのある羊毛は、モノゲン液につける前に予洗いします。羊毛の30倍量の40℃の湯に、羊毛を1時間つけこみ、余分な泥を落とします。その後ザルにあげて脱水を30秒かけ、水気を切ります。

3 脱水

つけこんだ羊毛をザルにあげ、3分程脱水して、汚水を一気にとりきります。

● 汚れ具合、脂の含有率で洗い方は変わります。 ───────

フリースは品種によって脂の入っている割合が違います。細番手になる程脂分は多くなり、細番手のメリノは17.5%程、太番手のロムニーは5%程度です。また気候風土、羊の育った環境でも泥や草の汚れ具合は違いますので、洗剤の量や湯の温度を変えていきます。つけこみの洗剤液の基本は5%のモノゲンで50℃の湯ですが、10%のモノゲンで70℃の湯にしてもかまいません。洗ってみて充分に脂が取れていなければ、もう一度3%のモノゲンを用意してつけこめば良いでしょう。
脂を抜くことによってその後の作業、カードや紡ぎがしやすくなり、染色性も良くなります。この羊毛の脂はラノリンといって、口紅やハンドクリームの原料になります。

4 毛先のつまみ洗い

再び3〜5％の洗剤液を用意。タライに40℃の湯と洗剤液を少し入れ（何度かに分けて使う）、ひと握りずつ羊毛を取り、毛先の泥や脂を指で押し洗いします。

＊羊毛はもみ洗いするとフェルト化するので、優しく指の腹で泥や脂を押し出すようにして洗っていきます。

その後、羊毛は絞らないでそのままザルにあげていきます。タライの湯が濁ってきたら新しい湯をはり、また洗剤を入れて洗っていきます。この作業を繰り返します。

5 すすぎ、脱水

湯をためて2回すすぎ、充分に洗剤を洗い流します。ザルにあげて軽く3分脱水します。

6 乾燥

ほぐしてから風通しの良い所に干します。このときフェルト化していたら、濡れているうちにほぐしておくこと。

● 洗剤は何を使うか。

ウールは動物性のタンパク質でできた天然繊維です。ここでは液体モノゲンを使いましたが、粉石けんを使ってもかまいません。扱い方と量は液体モノゲンと同じ、5〜10％湯に溶かして使います。
※「ウールも洗える」と書かれているおしゃれ着洗いは、衣類用のため洗浄能力が弱く、フリースを洗うのには適していません。
（→『スピナッツ96号』「羊毛を洗う Part 3」）

羊毛を染める
Dyeing

はじめての染色は、海岸で見つけたウニのトゲ。羊飼いのマイケルさんに教えてもらいながら、染めた羊の毛は濃いピンク、嗅ぐと潮のにおい。

その時、野草や木の皮、花、何でも色素はあると聞いて、その夏は手当り次第毎日染色。歩きながら道端の雑草を見ても、木の実を見ても、何色に染まるのかなとそればかり考えていました。

台所で羊毛を何色も染めるうち、ピンクの花びらの色がそのまま染まるわけではないことを知ったり、染めあがった色が日が経つにつれ、お日さまの光で褪色することも知りました。やはり昔から良い染料といわれているものは濃くて美しい色に染まり、しかも褪色しにくいということを山ほど染めた原毛を前にして知りました。

天然染料を使うときは草や木、花の命を感じ、化学染料で染めるときは、色のハーモニーを楽しむ。

染色で紡ぎの楽しさが一気に広がります。

この本では、気軽にできる化学染料を使った染色を紹介します。

化学染め
Chemical Dyeing

化学染料を使った染色を紹介します。
化学染料は、一度の煮沸でしっかり染まります。

1 湿潤

羊毛の量（乾燥時の洗毛重量）をあらかじめ量っておきます。羊毛をぬるま湯に20分程ひたし湿潤させた後、ザルにあげて3分程脱水します。羊毛に充分水分がしみこむことによって、染めムラを防ぐことができます。

2 染料を入れる

鍋に羊毛の50倍量の湯（40℃）を用意し、火にかけ加熱します。そこに熱湯で溶いた染料と酢酸を入れ、よく混ぜます。

3 羊毛をゆっくり入れ
30分程かけて温度を上げる

湿潤した羊毛をゆっくり入れ、フタをして30分程かけて沸点までゆっくり温度をあげていきます。

* 一度に染められる羊毛の量は、鍋の大きさによって変わります。染液につけて羊毛がひたひたくらいの量は、約50倍量。
　　例えば6ℓの鍋なら100〜120gの洗毛を染められます。100倍量の湯を用意すれば染めムラが防げます。

4 底からひと混ぜして
また煮沸する

途中で底からぐるんとひと混ぜします。沸騰後30分煮ます。

5 放冷

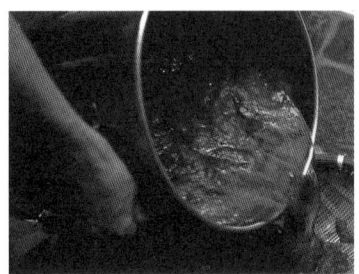

火を止め、フタを開け放冷し、その後ザルにあげます。温度が下がる80℃前後で、染料はしっかり羊毛に吸い込まれます。

6 すすいで乾燥

ぬるま湯で2度すすいでから3分程脱水。乾燥させます。
*色止めに、市販の定着剤を使っても良いでしょう。

● 染料はどのくらい入れるのか

羊毛の染色は、酸性染料を使います。染料の使用量は被染物である羊毛の量から計算します。例えば「3%の染料を使用する」とあれば、6ℓの鍋の場合、100gの洗毛で3gの染料を用意します。染め付きを良くする助剤の酢酸は、水6ℓに対して6〜12ccを染料と一緒に入れます。

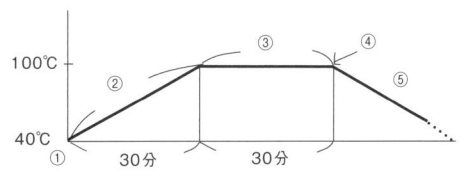

①羊毛を40℃の染液につける
②30分かけて徐々に温度を上げる
③30分煮沸する
④火を止める
⑤放冷

まだら染め
Rainbow Dyeing

フリースから染めるまだら染めを紹介します。1つの鍋で多色に染める方法で、汚毛から染めるとシックな中間色、洗毛から染めると透明感のある鮮やかな色に染まります。（→「スピナッツ 59号／村尾みどり特集 まだら染め」）

1 染料を洗剤で溶く

羊毛は湿潤（→19ページ）して、ザルにとり準備しておきます。染料2〜5色を液体洗剤（台所洗剤など）で溶いて、とろみをつけておきます。（染料の総量は、淡色の場合1%〜濃色の場合5%程度）

2 ベースの色は十文字に入れる

染色用の鍋に羊毛の30〜50倍量の湯（40℃）を用意し、酢酸約5%と、液体洗剤をかけまわし（約10cc）しておく。そこへ羊毛をほぐしながら入れ、ひと煮立ちさせてから染料を入れます。

3 さし色は隙間に入れる

ベース以外のさし色（赤がベースなら黄・青など）は隙間に少しずつ入れます。まだら染めは赤・青・黄の三原色からいろいろな中間色を作ることができます。

4 しばらくそのまま動かさない

染料によって吸収速度が違います。混ぜると濁ってしまうので、しばらく動かさずに待ちます。

5 色を馴染ませる

底から天地を返して、少し色を馴染ませ、さらに20〜30分煮ます。

6 放冷・すすぎ・乾燥

染料を吸い込んだら火を止め、鍋ごと放冷。40℃くらいに冷めたらザルにあげ、ぬるま湯ですすぎ、軽く3分程脱水し、乾燥させます。

＊ もしすすぎで色が流れるようなら、もう一度鍋に40℃の湯をはり、1〜2cc/ℓの酢酸を入れ、10〜20分つけて色止めしてからすすぎます。

毛をほぐす、混ぜる
Carding ▶️

洗ったり染めた後の羊毛は、まだ房の形（ステイプル）が残っていて、ほぐすとふわりと膨らみ、紡ぎやすくなります。

ふわふわの羊毛を見ていると、気持ちまでリラックス。

その後カーディング。くの字に折れ曲がったやわらかい針を埋め込んだハンドカーダーという道具で羊毛をカード、違う色や品種をブレンドして、自分の欲しい糸をデザインします。

カーディングした羊毛は、綿菓子のようにふわふわ。

でも糸にするとキュッとひきしまり、色も濃くなります。この工程が糸を紡ぐ醍醐味なのかもしれません。

毛を カーディングする
Carding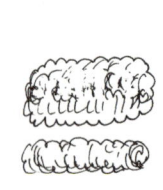

ハンドカードで準備した羊毛で
紡毛糸という空気を含んだ柔らかい糸ができます。

1 1回分の羊毛をのせる

ほぐした羊毛を、針がかくれないくらいに片方のカーダーの上にのせていきます。

2 下から順にカードしていく

羊毛をのせた左手のカーダーをしっかり握り込み、右手のカーダーを上から下へ半円を描くように動かします。左手の羊毛を下から順にカードしていきます。

3 針布を浮かせながら
毛をカードする

この時、カーダーの針と針をこすらないようにしましょう。ポンと最初に右のカーダーを左のカーダーに当て、毛をひっかけたら少し浮かせて羊毛だけが針の間を通るようにします。そうすると一番上までカードし終わると、羊毛は自然に右のカーダーに移ります。

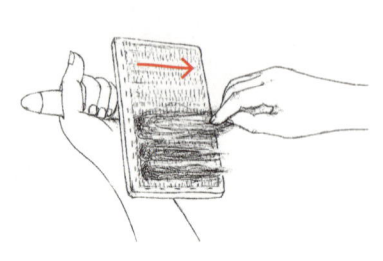

4 右手のカーダーに
羊毛が移る

全部右手のカーダーに羊毛が移
ったら、右手を返します。

5 左手のカーダーに
のせかえる

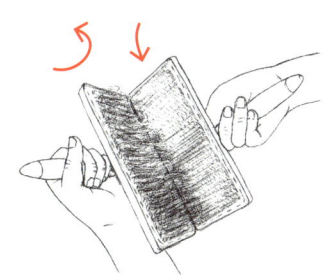

右手のカーダーの羊毛を、左手の
カーダーの上にのせかえます。
もう一度[2]に戻り、[5]までの作
業を2〜3回くりかえします。

＊羊毛をのせかえずに、左右のカーダー
を持ちかえるやり方もあります。

6 ロールにする

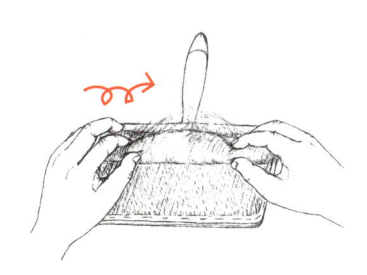

最後に左手のカーダーに羊毛を移
した後、カーダーからはがします。
そのままはがして使うとセミ梳毛、
ロールにすると紡毛糸ができます。
ロールにした羊毛を「ローラグ」、
もしくは「篠」といいます。

毛を混ぜる
Blending

たくさん色を染めたら
絵の具を混ぜるようにブレンド（混毛）することができます。

色のブレンド

均一なブレンド

ツイード風

段染め風

色の違う羊毛を均一になるように2〜3回カーディングすると、絵の具を混ぜるように中間の色が作れます。

ベースになる羊毛に、プチプチと違う色の短い毛やネップ（粒状の羊毛）や糸クズをサンドイッチにしてカードすると、ツイード風の表情のある糸になります。

*2〜3ページの写真のベストはこの方法で作った糸を使って作った物です。

色違いのカード済みの羊毛を順番に並べてから、カードすると、段染め風の糸ができます。

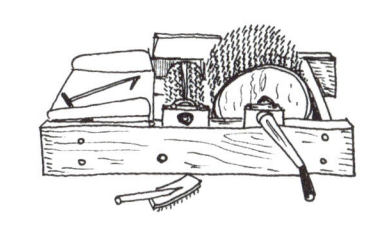

品種のブレンド

羊毛のブレンドは、色だけでなく毛質の違うものを合わせることもできます。元の羊毛の特徴を理解したうえで、どんな質感の糸を作りたいか考えることが大切です。(→15ページ)

羊毛の毛質の特徴には、大きく4つあげられます。

1：柔らかいタイプ
　　メリノ、ポロワス、カシミヤ

2：弾力があるタイプ
　　英国短毛種（サフォークなど）、チェビオット

3：光沢があるタイプ
　　ロムニー、リンカーン

4：白髪っぽいタイプ
　　ウェルシュ マウンテン、ハードウィック

ブレンドには「似たもの同士強調しあうブレンド」と「補い合うブレンド」があります。例えば、メリノとカシミヤは似たもの同士のブレンドで、カシミヤに欠ける膨らみをメリノで補い、しなやかで柔らかなショール用の糸が作れます。柔らかいポロワスと膨らみのあるシェットランドは補い合うブレンドです。混ぜると肌触りがよくて張りのあるマフラーができます。
このとき、毛の太さ（繊度）と、長さ（毛長）が近い羊毛を選べば、均一に混ぜやすく、繊度と毛長が極端に違うものは、混ざりにくく糸も均質になりません。この作業は自分のイメージをかたちにする作業で、新しい糸や毛質を作り出す、ワクワクする作業です。

ドラムカーダーを使って 🎥

ハンドカーダーは1回に3〜5gの羊毛をカードできますが、ドラムカーダーなら機種によって異なりますが30〜70gとたくさんの羊毛のカーディングが一度にできます。ドラムカーダーでもハンドカーダーと同じようにいろいろなブレンドができます。

糸を紡ぐ
Spinning

はじめて糸車に出合ったのは、羊飼い
の信子クレイギーさんの家。
彼女は糸車の横に、毛刈りしたての
一頭分のフリースを丸ごとポンと置き、
そこからそのまま紡いでいました。
羊が糸になっていく…。
「毛糸って羊からできているんだ」
とその時はじめて知ったのです。

それから一週間、夢中で糸車を踏み、
ブンブン回しました。
双糸にする時、途中で車輪をどちらに
回していたのか忘れて、あっちに回した
り、こっちに回したり、だからできあがっ
た糸はヘンテコにヨレヨレ、でもそんな
の平気、自分で糸が作れたこと、それ
だけで満足でした。

糸車のしくみ

糸車の各部所の名前を確認しながら糸ができるしくみを説明します。

・足で ①ペダル を踏みます。これが糸車の原動力。

・ペダルを踏むことによって②シャフトが上下に運動し、③クランクが④車輪を回転させます。

・車輪が回転することによって、⑤ベルトが車輪の動きを⑥'フライヤープーリーに伝えて⑧ボビンが回り、フライヤーの中心の穴⑦オリフェイスから引き出した糸に撚りがかかります。

・紡いでいる人が、糸を引っぱっている力をゆるめると、⑧ボビンの溝にかけられた⑫テグス糸にかかる摩擦のブレーキの力が強くなって、⑧ボビンが止まり、⑨フライヤーだけが回るので、糸が自然に⑧ボビンに巻き取られます。

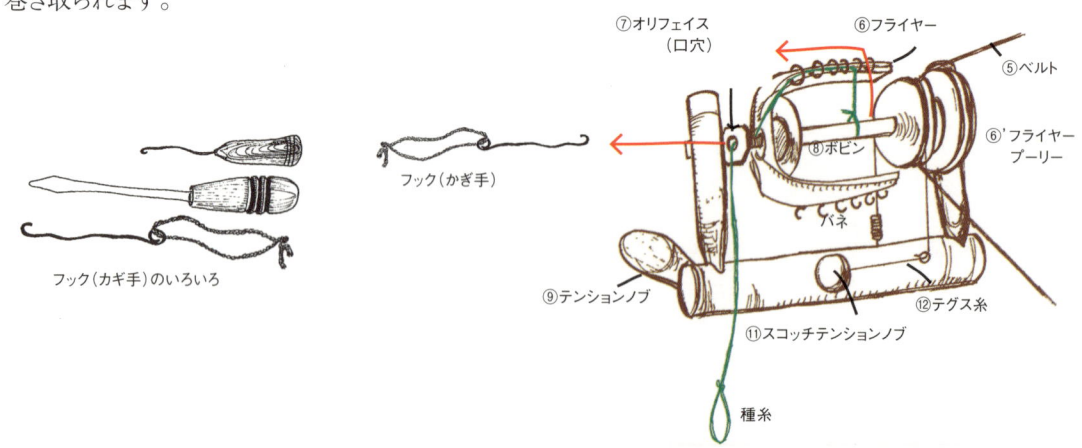

フック（かぎ手）

フック（カギ手）のいろいろ

⑦オリフェイス（口穴）　⑥フライヤー　⑤ベルト　⑥'フライヤープーリー　⑧ボビン　バネ　⑨テンションノブ　⑪スコッチテンションノブ　⑫テグス糸　種糸

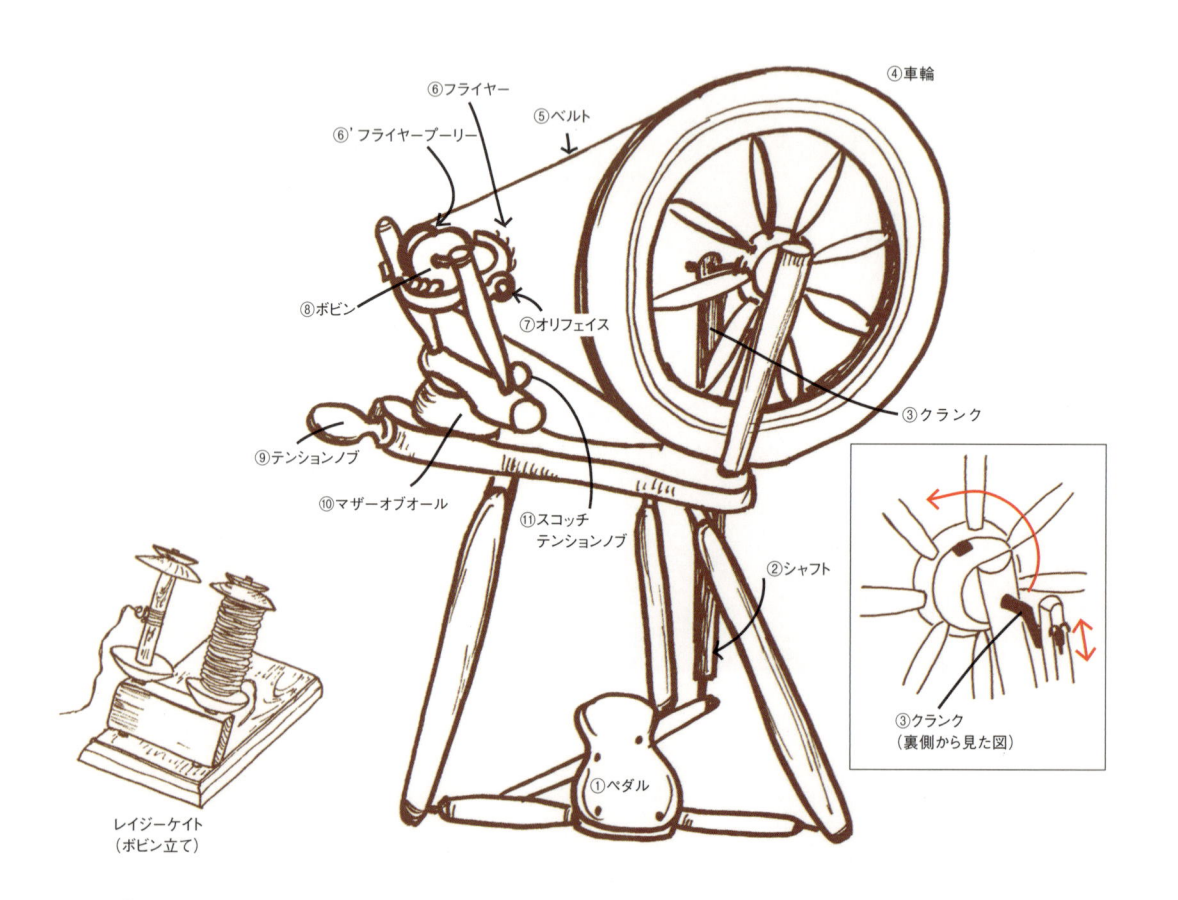

⑥フライヤー　④車輪　⑥'フライヤープーリー　⑤ベルト　⑧ボビン　⑦オリフェイス　③クランク　⑨テンションノブ　⑩マザーオブオール　⑪スコッチテンションノブ　②シャフト　①ペダル

レイジーケイト（ボビン立て）

③クランク（裏側から見た図）

糸車のいろいろ

1. もめんの糸車

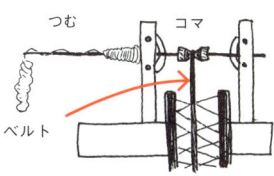

つむと一体になっているコマにベルトがかかり、コマとつむが回り、撚りをかけることができます。スピンドルに一番近い形なので、撚りをかけるときと、巻き取りのときの2段階に分けて糸を作ります。他の糸車に比べて車輪1回転によってつむが回る回数が多いため、もめんなど短い繊維に適した糸車。

2. ヨコ型・スコッチテンションの糸車 （シングルバンド、ボビンブレーキ）

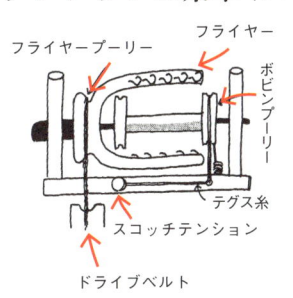

ボビンプーリー（溝）にかけられたテグス糸の摩擦でボビンが止まり、フライヤーだけ回って糸を巻き取るしくみになっています。フライヤーとは別に、ボビンに力をかけることができるので、空気を含んだ柔らかい糸から、硬い糸まで紡ぎ分けることができ、糸の表情に変化をつけやすいタイプ。

糸車の回転比（アシュフォード トラディショナルの場合）
1：6.8　＊「車輪が1回転するごとにフライヤープーリーが6.8回まわる」という意味
1：10.5

3. ヨコ型・ダブルドライブテンションの糸車 （ダブルバンド、ボビンブレーキ）

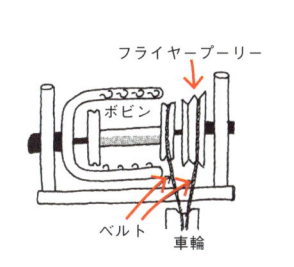

ボビンの溝と、フライヤーの溝に同時に1本のベルトの動力が伝わる。ベルトは1本のひもを8の字にひねって二重にしたものなので、足の動力を同時に2つの溝に伝えることができます。2つのプーリーの直径の違いが、回転速度の違いを生み出し「撚り」と「巻き取り」を同時にすることができます。回転ムラがなく、織物用の均一な糸を作るのに適しています。

糸車の回転比（アシュフォード エリザベスの場合）
1：6.5
1：8

4. タテ型・アイルランド式テンションの糸車 （シングルバンド、フライヤーブレーキ）

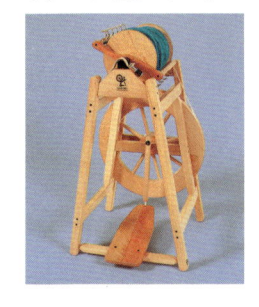
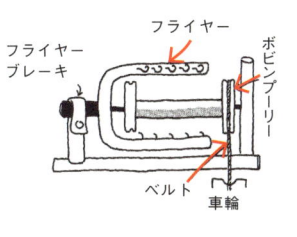

フライヤーに接している皮ベルトの微妙な摩擦と、ボビンにかかる動力で糸ができます。このフライヤーブレーキタイプは、どんなにボビンが重たくなっても、ボビンに直接車輪の動力が働くので、敷物用の太くて重たい糸を紡ぐのに適しています。

糸車の回転比（アシュフォード カントリーの場合）
1：4

糸車をセットする
Spinning Wheel

さあ！紡ぎ始めましょう。糸車にベルトを掛け、テンションを調節します。足踏みミシンのベルトを掛け、針に糸を通すような感じです。ここではスコッチテンション型の糸車を使っています。（ダブルドライブの場合は[1]～[3]の工程が一緒になってベルト1本の調整でセットします）

1 ベルトを掛ける

ベルトを車輪の溝とフライヤーの溝に掛けます。この時、2つの溝が平行になっていないとベルトは、外れやすくなるので注意！（→33ページ）

2 ベルトの張りを調整する

テンションノブを回していくと、徐々にマザーオブオールに角度がつき、車輪とフライヤープーリーが離れていくのでベルトをピンと張ることができます。

3 張り具合を確認

ベルトは張り過ぎてもいけません。写真のように手でベルトを押さえて、たるみがあるくらいがちょうど良いテンションです。

4 ボビンにテグス糸を掛ける

スコッチテンションの調整は、テグス糸がたるまない程度に最初は軽く掛けます。ボビンに糸が巻き取られ、重くなる程、スコッチテンションを調整して、バネに力がかかるようにしていきます。

5 フックの先に種糸を掛ける

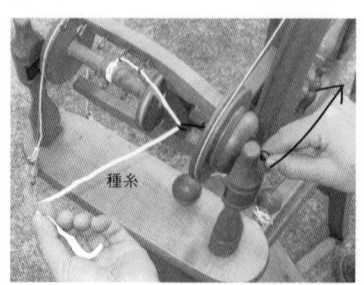

種糸

ボビンの軸に種糸（30cmくらいの太い綿糸など）を結び付け、それをフライヤーのヒートンに掛けます。オリフェイスにカギ手を差し込み、その先で種糸をひっ掛けて手前に導き出します。

6 種糸を引き出す

オリフェイスから種糸を引き出したら、糸を紡ぐ準備完了です。

フック（カギ手）のいろいろ

● ベルトのかけ方

シングルバンド

1本のベルトを、車輪とフライヤーのプーリー（溝）に掛けます。

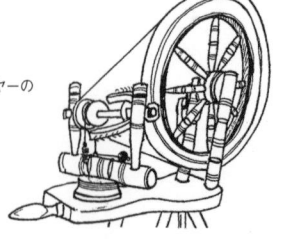

ダブルドライブ

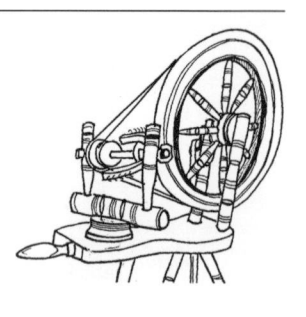

「8」の字にして重ねます。

1本のベルトを「8」の字にひねって二重にし、車輪からフライヤーとボビンのプーリー（溝）の2つに分けて掛けます。

糸車で紡ぐ
Spinning ▶️🎞

手元の羊毛、車輪、ペダル。
3つのリズムを合わせることが大切です。

1 種糸に羊毛を掛ける

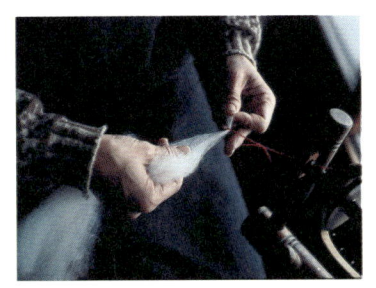

種糸をオリフェイスの穴を通して手前に引き出します。種糸の端に輪を作り、カードした羊毛の端から繊維を少し引き出し、輪にくぐらせます。

2 車輪を回して紡ぎ始める

右手で車輪を時計回りに回転させると、フライヤーとボビンが回り始めるので、その回る方向に合わせてペダルを踏むと、羊毛の繊維に撚りがかかっていきます。

3 羊毛を引き出す

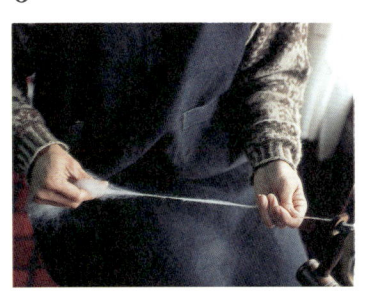

羊毛を少しずつ引き出しながら撚りをかけていき、撚りが伝わるのを見て、持っている羊毛の繊維に撚りを伝えていきます。

4 均一になるように
撚りをかけていく

太い所には撚りがかかりにくいので、撚り加減を調節して、羊毛の繊維を均一に引き出しながら、糸にしていきます。

5 ボビンに巻き取る

撚りが均一にかけられたら、手の力をゆるめ、糸をボビンに巻き取ります。[1]〜[5]の動作を繰り返します。

6 車輪の回転のリズムに
合わせて紡いでいく

「手元の羊毛」と「車輪」と「ペダル」の3つがリズミカルに動き始めると、糸が紡げるようになります。

● 糸の撚り方向と糸車の車輪を回す方向 ─────

糸には撚り方向があります。右回りのことをZ撚り、左回りのことをS撚りといいます。

右回り Z撚り
（時計回り）

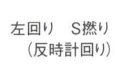

左回り S撚り
（反時計回り）

● 糸を紡ぐ方向 ─────

糸車も、国によっていろいろあるなら、紡ぎ方も人それぞれ。左手で紡ぐ人、右手で紡ぐ人。自分のきき手や糸車のオリフェイスの位置によって、好みの方向で紡ぎましょう。

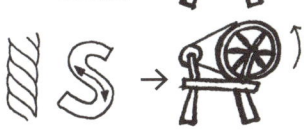

双糸を作る
Plying Yarn

ボビンいっぱいに糸ができたら…。このまま単糸で使う（→34ページ）こともあれば、双糸にすることもあります。双糸の場合は、単糸を2本合わせて、逆の方向に撚りをかけて作ります。双糸は撚りを半分くらい戻すので、空気を含み柔らかくて安定した糸になるのです。

1　種糸を引き出す

あやを取る

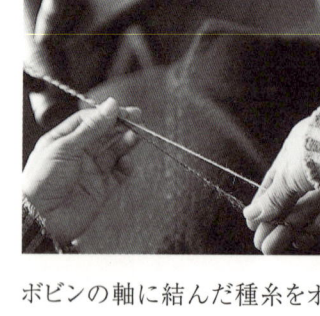

糸車のオリフェイス

ボビン立て

同じ撚り方向の糸を、ボビン2つ分作り、ボビン立て（レイジーケイト）に立て、それぞれの糸を引き出します。2本の単糸を、指の間に交互に通してあやをとると糸のテンションが同じになり、コブができなくなります。

2　2本揃える

ボビンの軸に結んだ種糸をオリフェイスから引き出し、種糸の端に輪を作り、そこに2本の糸をくぐらせます。

3　単糸の時とは逆に撚りをかける

2本の糸のテンションが同じになるよう、右手指であやをとり、単糸を作るときとは逆の方向に車輪を回し、撚り合わせていきます。

4　ボビンに巻き取る

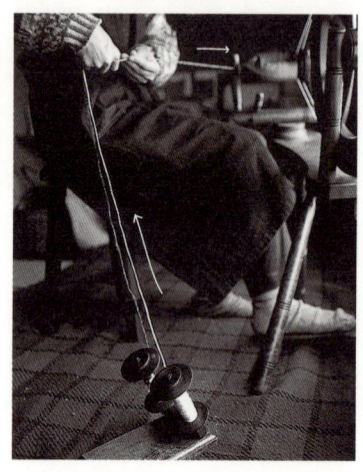

2本の糸がバランス良く撚り合わさったら、ボビンに巻き取っていきます。

● 単糸と双糸

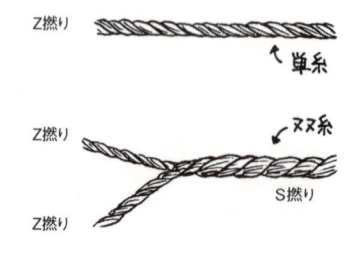

Z撚り　　　　　　　　　↖単糸

Z撚り　　　　　　　　　↖双糸

Z撚り　　　　　　　　S撚り

● 撚り加減

撚りが足りない→甘撚り
（2本の糸の間に隙間ができる）

適正な撚りだと糸は
フワリとまっすぐになる

撚りが掛かり過ぎると
糸がうねる→強撚糸

紡ぎのトラブル Q & A

糸を紡ぎはじめて、最初はペダルを踏むだけで精一杯。そのうち、手元の羊毛に撚りがかかり始めると、撚りばかりかかって、なかなかボビンに巻き取られなかったことはありませんか？誰もが最初にぶつかるトラブルに、どう対応するかお答えします。

Q. 車輪が逆回転するとき
A. ペダルだけ踏んで、車輪が回るリズム感を覚えましょう。

ポイント ペダルが重くギシギシいうようなら、それぞれのパーツの接続部がゆるんでいるので、締め直すか、もしくは回転している部分に油をさしてスムーズに回るようにします。

● 糸車のお手入れ
フライヤーの軸受けの皮、足踏みペダルの鉄の軸、ボビンの軸などにミシン油や椿油などをさすと良いでしょう。

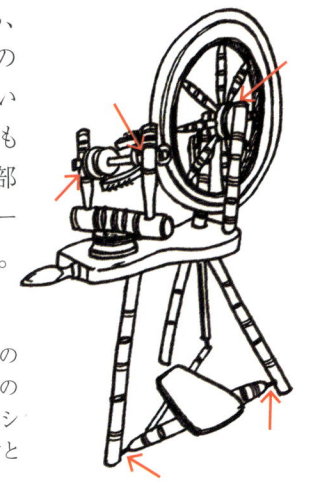

Q. 糸が切れたとき
A. 軸になる糸に、新しい羊毛を沿わせてジョイントします。

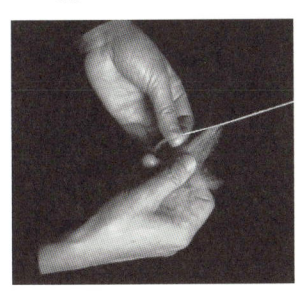

糸が途中で切れたり、羊毛を継ぎたすときには、撚りのかかった軸糸に新しい羊毛を沿わせ、車輪を回し始めます。少しずつ繊維をからめていくと、しっかり継ぎ合わされ、つなぎ目にコブのない丈夫なジョイント（つなぎ）ができます。
（→48ページ）

Q. ベルトが外れやすい
A. 車輪の溝とフライヤープーリーの溝に掛かっているベルトがまっすぐになっているかどうか確認します。

ポイント 車輪とフライヤーの溝の位置がずれていたら、両方の支柱を少し回してフライヤーの位置をずらすか、マザーオブオール本体の位置をずらしてベルトが一直線になるようにします。

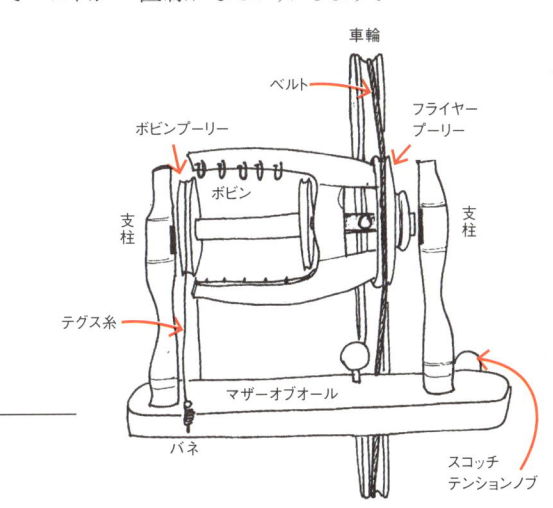

Q. ボビンに糸が巻き取れなくなった
A. ボビンプーリーにかかるバネの力を強くします。

糸が巻き取られていくにつれてボビンは重たくなります。そのためボビンに掛けるブレーキの力も強くないと、ボビンは止まらなくなり、糸も巻き取れなくなるのです。ボビンを止めるブレーキはバネの力なので、スコッチテンションノブで調整します。ボビンの容量が増えるに従ってスコッチテンションを締めてバネを伸ばしていきます。

撚り止め
Setting

紡いだ糸は撚り止めをします。この工程で撚りをかけた糸が、元に戻らないようにします。

ニットの場合

湯もしくはモノゲン湯につけた糸はリラックスして充分に膨らみ、乾くと少し縮みます。撚り止めによってニットの編みサンプルには不可欠な、安定した糸になります。

1 綛にあげる

ニッディ ノッディで綛あげします。
＊箱やお盆に巻き取っても良い。

2 束ねる

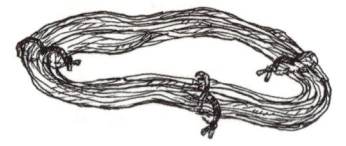

綛にあげたとき、最初と最後の糸端を結んでおきます。長さが足りなければ違う糸をたしても良いでしょう。糸がばらつかないように、違う糸でゆったり8の字に束ねます。これを「あみそ」といいます。

3 湯につける

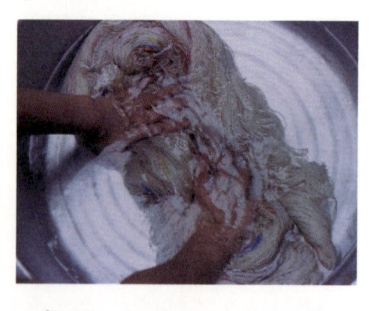

40℃くらいの湯に20〜30分程つけます。

＊フリースから紡いだときは、モノゲンを入れて脂を落とします。脂付のオイルド ヤーンを作りたいときは、お湯だけで余分な泥のみを落とすやり方もあります。

4 乾燥

3分程脱水して干します。このとき糸がちりちりねじれるようなら、糸がピンとする程度に軽く重しをしてぶら下げます。

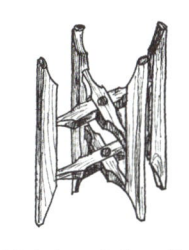

織物の場合

蒸気で撚り止めした糸は、糸づらが変わらず毛羽立ちの少ない仕上がりとなり、織りやすくなります。織り上げた後、縮絨の段階で、縮んで安定した布になるのです。

ワクで蒸す

1 ワクに糸を巻く

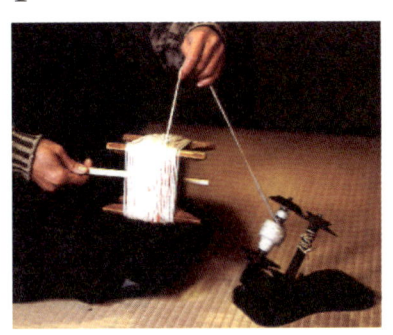

2 蓋をして蒸す

撚りの強さに合わせて、2〜20分蒸します。

3 ワクのまま放冷

綛で蒸す

1 綛（かせ）にあげた糸をしっかりねじる

2 ざるに綛をのせ蓋をして蒸す

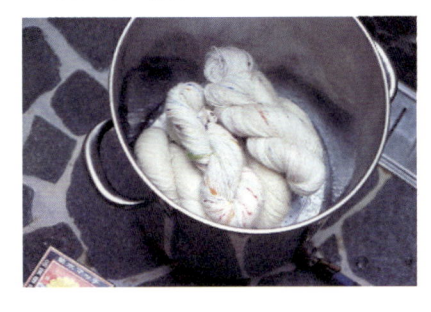

2 鍋から出し、熱いうちによくさばいてから干す

蒸す時間は必要最低限の時間にします。綛を下げてみて糸がくるくるまわらなければ鍋から出しましょう。

太い糸 細い糸

気持ち良くすいすい糸が紡げるようになると、最初太かったり細かったりしていた糸が、どんどん細く均一に紡げるようになってきます。上手になるにつれて逆に太い糸が作れなくなることもあります。糸の太い細いは、羊毛の準備と糸車の回転比、そして紡ぎ方（羊毛繊維の引き出し加減）で自在に作りわけることができます。

	太くて甘撚りの糸	細くて強く撚りのかかった糸
羊毛の選び方	太番手の羊毛 ロムニー、リンカーンなど	細、中番手の羊毛 メリノ、コリデール、ポロワスなど
準備	よくカードされた羊毛を用意しておきます。	脂が残っていると、細く引き出しにくいので完全に脱脂しておきます。
糸車の回転比	車輪がゆっくり回るように大きなプーリーを選びます。 1：4など	車輪が早く回るように小さなプーリーを選びます。 1：7〜1：14
紡ぎ方	たっぷり羊毛を持ち、撚りをかける前の、手の引き加減を充分に長くします。 	羊毛を伸ばしながら、しっかり撚りをかけます。

● 糸番手の計算の仕方───────

1gの羊毛を1mの長さの糸に伸ばしたものを「1番手の糸」といいます。

1gを3mにしたら3番手。数字が大きい程、細い糸になります。

糸車の選び方

糸車は作られた国やメーカーにより、いろいろな形、デザインがあって、どれを選んで良いのか迷ってしまいます。自分に合った糸車を選ぶポイントをあげてみました。

1. プーリーの回転比

1:4から1:16くらいまであります。1:6〜8くらいが平均で、それより遅いものはラグなどの太い糸に適し、1:10以上のものは早く回転しますので、細くて短い繊維が紡ぎやすくなります。

2. ボビンの容量

ラグ用の回転比の遅い糸車には、容量の大きいボビンがオプションで取り付けられる場合があります。

3. オリフェイス（口穴）

イスに座って自分の手の位置に無理のない高さにあるものを選びます。超細番手用や、超極太用のオリフェイスがついたタイプもあります。

4. フライヤー

力のかかる部分なので丈夫かどうか確認します。

5. 車輪の回転

車軸にベアリングが入っている糸車はスムーズに軽く回転しますが、入っていないものは時々注油しなければいけません。

6. ペダルの軽さ

手入れが悪かったり回転ムラがあると、ペダルは重くなり、糸車の安定は悪くなります。また長時間紡ぐとき、片足ペダルか、両足ペダルかも自分の紡ぐ姿勢に影響します。

7. 主軸

ボルトがゆるんでいたり、バランスが悪いと、糸車がガタガタ動きます。

8. タテ型（アップライト式）

ヨコ型のものより、占有面積も狭く、コンパクトです。置く場所や作業スペースも考えておきましょう。

後は好みのデザインを、実際にペダルを踏んでみて選びます。

タテ型（アップライト式）の糸車

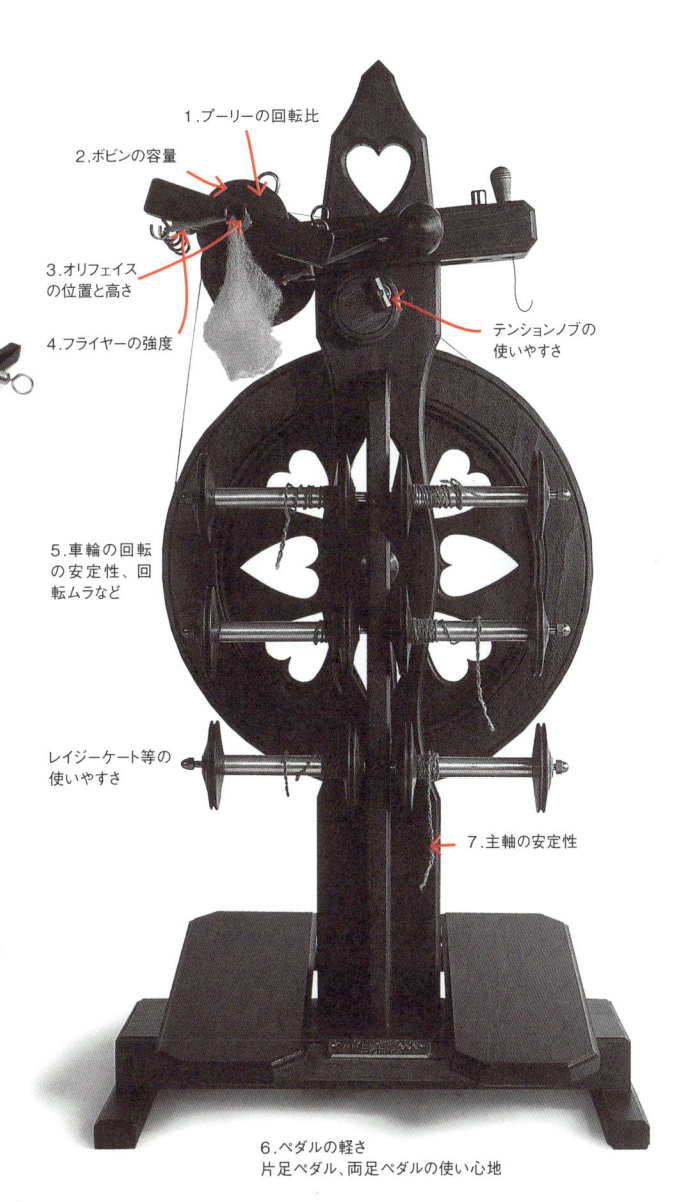

1. プーリーの回転比
2. ボビンの容量
3. オリフェイスの位置と高さ
4. フライヤーの強度
テンションノブの使いやすさ
5. 車輪の回転の安定性、回転ムラなど
レイジーケート等の使いやすさ
7. 主軸の安定性
6. ペダルの軽さ
片足ペダル、両足ペダルの使い心地

フリースから紡ぐ
Fleece

最初に出合ったフリースはボーダーレスター。

ピカピカ光る真っ白いフリースで、クリクリとウェーブが美しい羊毛でした。紡いだ糸は太かったり、細かったり、道端の雑草で染めてマフラーを作りました。ちょっとかたくて首に巻いているうち、こすれて首が赤くなったけど、ぜんぜん平気。皆に自慢してまわりました。

しばらくして、プロの染織家に出会いました。その人がこのマフラーを見て「ボーダーレスター、ラグ用の羊毛ね」と言いました。「そうか、これって敷物用の太い毛なんだ…」ちょっとショックでした。それまで私の中で、羊毛といえばボーダーレスターしか知らなかったのです。でもそれからは、一つ一つ、いろいろな毛質の羊毛と出会いました。

オーストラリアの純白でやわらかいメリノ、しなやかなコリデール、大きなウェーブがゴージャスなリンカーン。

英国に行くと、もっといろいろな羊毛に出合いました。膨らみとコシのあるチェビオット、白髪のおじいさんのようなハードウィック、ふっくらとしてすべるような紡ぎ心地のシェットランド、人形の巻き毛のようなウェンズリーディール。

硬い毛、柔らかい毛、どんな糸ができるのでしょうか。
作りたい糸のイメージはどんどん膨らみます。

左側の写真の品種

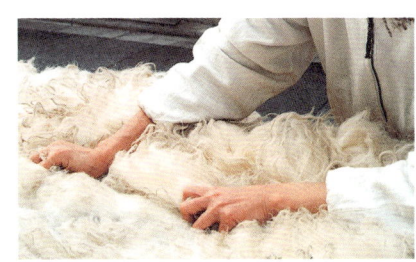

毛を梳く
Combing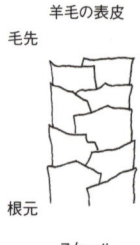

きれいなフリースに出合ったら、そのまま洗わず紡いでもいいでしょう。コーミングに適した羊毛は、手で握り込むので毛長が10cm前後で、一房ずつ取り分けられるくらいステイプルが明瞭であることが条件です。コーミングした羊毛はきれいに毛が並んで、しかもバインディングファイバーと呼ばれる毛と毛をからめているつなぎの繊維をコームで取るので、根元から毛先へ順序よく糸を紡いでいけば光沢のある藁ゴミなどの入っていない均一な糸、「梳毛糸（そもうし）」を作ることができます。

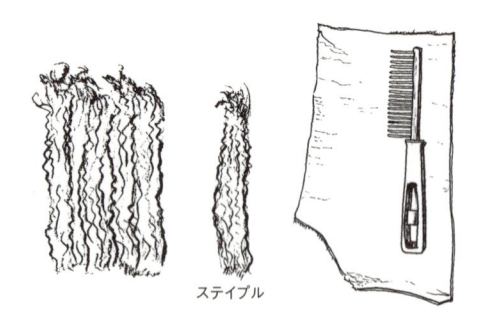

ステイプル

用意するもの
・コーム（櫛）
　ペット用のステンレス製のものなど、
　しっかりした歯のコームを選びます。
・厚手の布もしくは皮
　コームの歯がひっかからないような目のつまった厚手の布

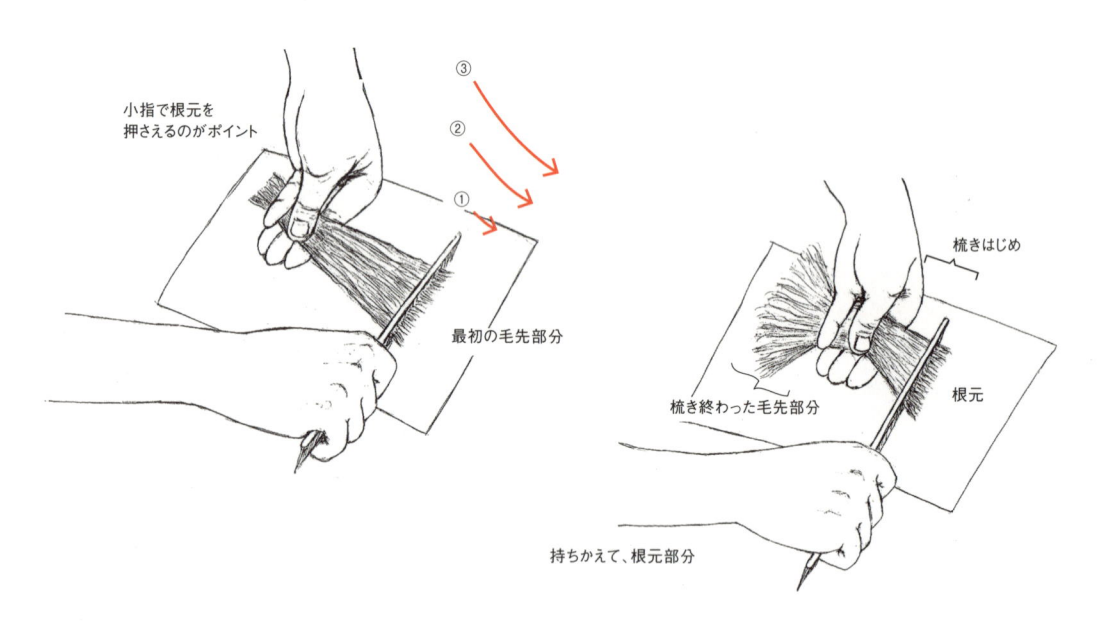

小指で根元を
押さえるのがポイント

③
②
①

最初の毛先部分

梳きはじめ

梳き終わった毛先部分

根元

持ちかえて、根元部分

一房ずつ梳き終わったら根元と毛先を間違えないように並べていきます。紡ぐ時は根元から紡ぐと、表面のスケールを逆なでしないので光沢のある糸ができます。

羊毛の表皮

毛先

根元

スケール

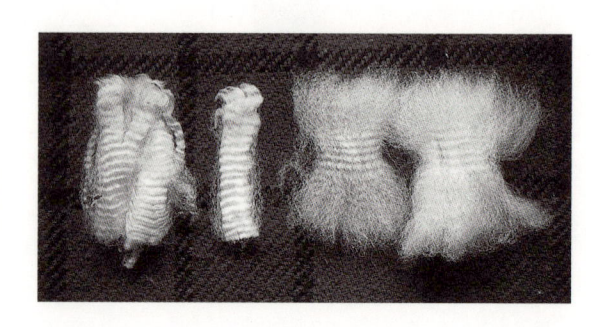

1 フリースから一房ずつ
ステイプルを取る

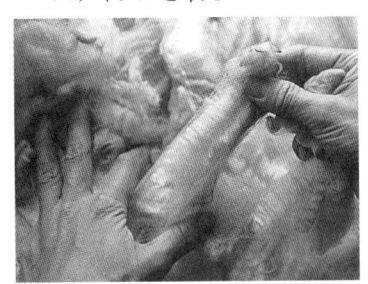

まずフリースを広げ、毛先ごとに一房ずつ取り分けます。この一房の単位をステイプルといいます。

2 ステイプルを握り込む

一つのステイプルを取り出し、その根元をしっかり左手で握り込みます。

3 毛先から梳いていく

ひざの上に置いた皮や布の上でコームします。

4 毛先から中央へ

このとき、はじめからステイプルの真ん中に櫛を入れず、毛先から中央へ除々に梳きおろすようにすると、無理な力がかからず毛を痛めません。

5 手を返して、裏側も同様に

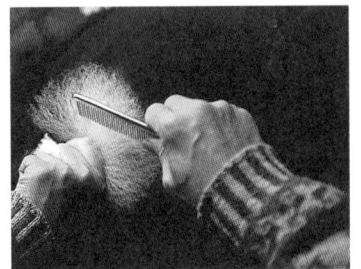

手を返して裏側も同じように櫛で梳いていきます。この時バインディングファイバーが櫛に残りますが、紡毛糸に使うことができます。

6 持ちかえて

上半分が梳き終わったら、毛を持ちかえて、下半分も同じように梳きます。

7 下半分も同様に

毛先から順に少しずつ真ん中まで梳いていきます。

8 手を返して

同じように手を返して梳きます。

9 梳き終わり

上下、表裏、梳き終えると繊維がきれいに平行に並びます。

糸作りの応用

梳毛糸　Worsted yarn

梳毛糸はショートドローという、繊維が平行になる紡ぎ方で作ります。均一で光沢のある耐久性に富んだ糸ができます。

背広や制服は、梳毛糸でできています。

梳毛糸の準備
コーミングでゴミやネップを取り除きます。

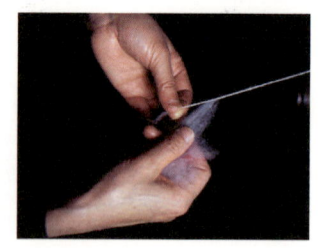

ジョイントの仕方

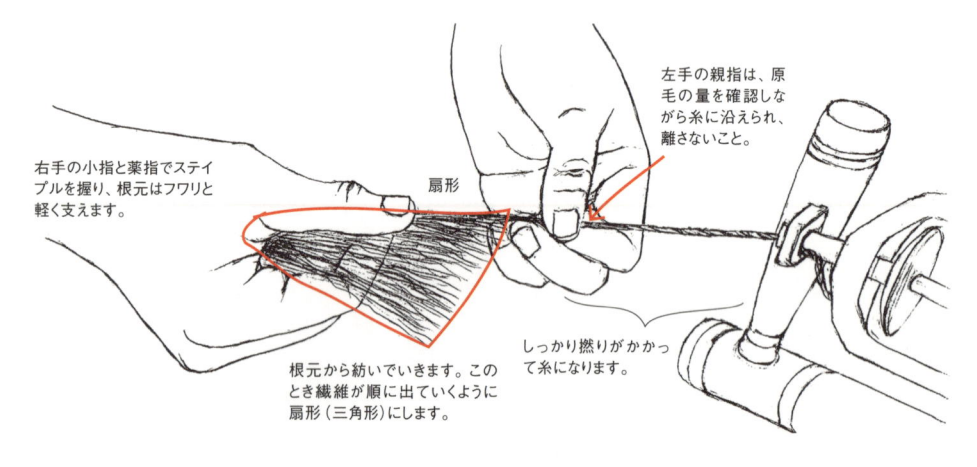

右手の小指と薬指でステイプルを握り、根元はフワリと軽く支えます。

扇形

左手の親指は、原毛の量を確認しながら糸に沿えられ、離さないこと。

根元から紡いでいきます。このとき繊維が順に出ていくように扇形（三角形）にします。

しっかり撚りがかかって糸になります。

紡毛糸　Woollen yarn

ぼうもうし

紡毛糸はロングドローという撚りをかけながら、のばしていく紡ぎ方で作ります。空気を含んだ軽い糸になります。

ニット用の糸やツイードは、膨らみのある紡毛糸で作られます。

紡毛糸の準備
ローラグを作る。
ハンドカードした羊毛を丸めて筒状にしたもの。(→23ページ)

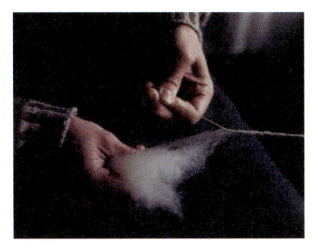

ジョイントの仕方

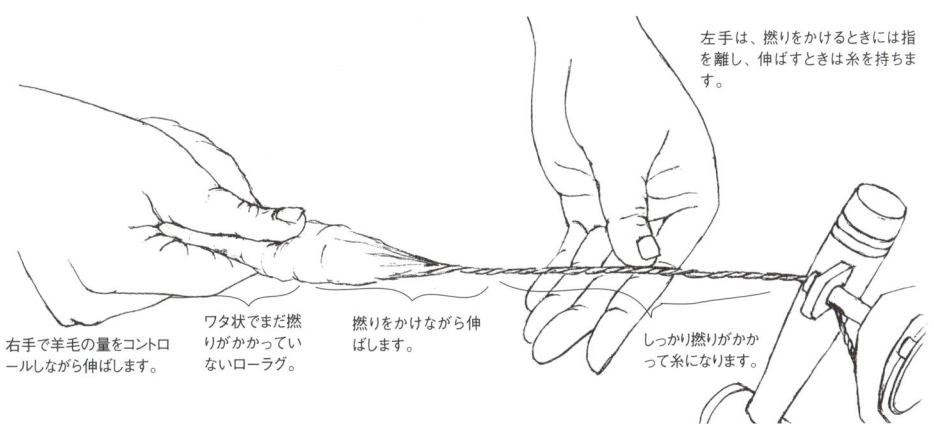

左手は、撚りをかけるときには指を離し、伸ばすときは糸を持ちます。

右手で羊毛の量をコントロールしながら伸ばします。

ワタ状でまだ撚りがかかっていないローラグ。

撚りをかけながら伸ばします。

しっかり撚りがかかって糸になります。

スピンドルで紡ぐ
Spinning

むかしむかし、人類が落ちている動物の毛を拾って、それを伸ばして撚りをかけ、「糸」を作ったことはきっと、「火」を使ったことと同じくらい、画期的だったに違いありません。そのはじまりは手の中で、そして指で撚りをかけたのでしょう。

そのうち棒一本あれば、もっと能率よく撚りがかけられることに気がつきます。今でもユーゴスラビアやルーマニアでは、棒一本で歩きながら糸を紡ぎます。

そしてこの棒にコマをつけて、長く回り続ける工夫をしたのがスピンドルです。
ぶら下げたり、ひざの上で転がしたり、受け皿の中で回したり、いろいろな使い方があります。慣れると糸車と同じ位、早く紡げるようになります。

いつでもどこでも、歩きながらでも
糸が作れる紡ぎゴマ。
スピンドルで紡いでいると
ゆっくり時間が流れます。

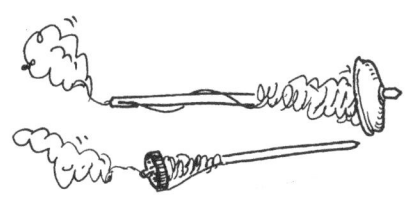

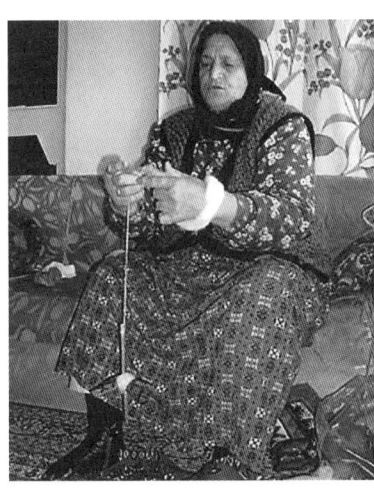

スピンドルの使い方

Spindle

糸紡ぎは糸車がなくても、スピンドルが一本あればできます。お店でも売ってますが、菜箸と厚紙などで自分で作ることもできます。

1 種糸に羊毛をつける

スピンドルの軸棒に紙を巻いてボビンにします。そこに種糸（30cm程）を結び付け、先を輪にして羊毛をくぐらせます。

2 軸の先に種糸を掛ける

羊毛を重ねて持ち、種糸を軸に巻き付け、軸の先の溝、あるいはヒートンにひっかけます。（→52ページ）

3 軸を回転させる

右手に羊毛を持ったら左手で軸の先を時計回り（Z撚り）に回し始めます。いつも同じ方向に回すように気をつけます。

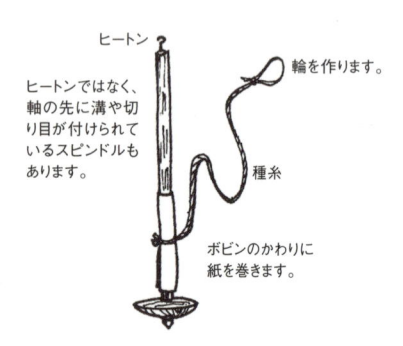

ヒートン
ヒートンではなく、軸の先に溝や切り目が付けられているスピンドルもあります。
輪を作ります。
種糸
ボビンのかわりに紙を巻きます。

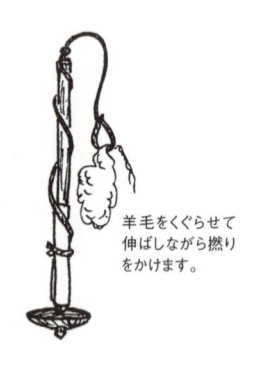

羊毛をくぐらせて伸ばしながら撚りをかけます。

S撚り　Z撚り

反時計回り　時計回り

● スピンドルを自分で作る

スピンドルは軽い程細い糸ができ、重たくなる程太い糸ができます。

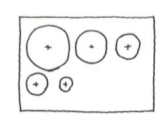

厚紙にコンパスで丸を描き、中心に印をつけます。

ハサミで切り抜き、最初にキリで穴を開けてから、ボンドで貼り合わせます。

ビニールテープを真ん中に貼ってから穴を開けると、差し込んだ棒が抜けにくくなります。

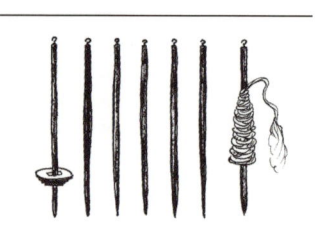

箸の頭にヒートンをつけ、何本も用意すれば、紙を巻いてボビンにしなくても、棒をボビンとして使うことができます。

4 羊毛の繊維を引き出す

右手で羊毛を充分に伸ばします。

5 撚りを伝える

左手を糸に沿わせながら上げていき撚りを伝えます。この動作を繰り返します。

6 追撚する

途中でスピンドルが回らなくなったら、右手で糸を支え、左手で軸を回し追撚します。

7 糸を巻き取る

腕が伸びる程度の長さの糸ができたら、軸の先から糸を外し、糸を軸の紙の上に巻き取っていきます。

8 軸の先に糸を掛ける

最後は軸に糸をからませ、軸の先の溝にひっかけます。また、[3]に戻って繰り返し、紙のボビンがいっぱいになるまで紡ぎます。

糸のつなぎ方
Joint

つなぎ方はスピンドルも糸車も同じ。
つなぎ目がわからなくなるくらい丁寧にジョイントします。

1 種糸と羊毛を一緒に持つ

小指と薬指で、種糸と羊毛をしっかり握り込み、残りの3本の指が自由に動いて、羊毛の量をコントロールできるように持ちます。

＊軸になる糸を二股に分けて、間に羊毛をはさんでジョイントするやり方もあります。

2 軸を回し、羊毛を種糸に沿わせる

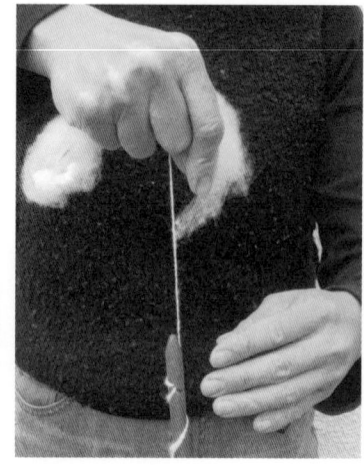

軸棒を回し始める。羊毛の毛先を糸に沿わせ、少しずつ糸にからめていきます。

3 羊毛を種糸にしっかりからませる

種糸にしっかり羊毛をからませます。このとき、一度にたくさん羊毛がからまないよう、気をつけます。コブになったり、細すぎて撚りのかかりすぎた部分は切れやすくなります。

4 一体になったら伸ばし始める

徐々に伸ばしていき、種糸と羊毛がしっかり一体化したらジョイント完了。後は前ページと同じように紡いでいきます。

双糸を作る
Plying Yarn

同じZ撚り方向の単糸を2ボビン作り
その2本を逆の撚り方向（S撚り）に
糸を撚り合わせたものを双糸といいます。

1　ボビンをホルダーにセットする

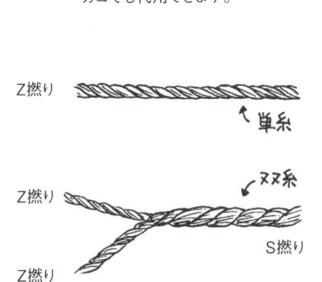

竹串　紡いだ糸　紙で作ったボビン

ボビンホルダーは菓子箱や
カゴでも代用できます。

Z撚り

↖単糸

Z撚り

↖双糸

Z撚り

S撚り

2　2本の糸を引き出しあやを取る

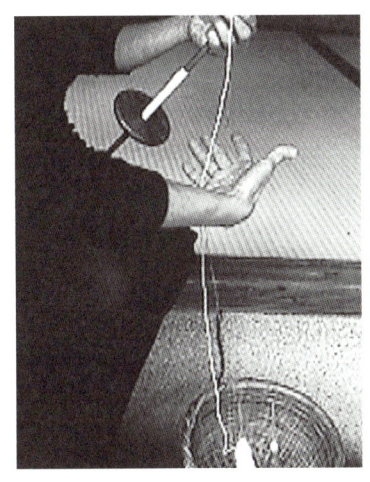

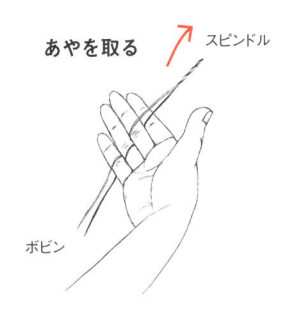

あやを取る　スピンドル

ボビン

それぞれのボビンから糸を引き出し、合わせて先を結び、軸に巻いた紙のボビンに結び付けます。単糸を作るときと同じように軸に巻き付け、溝にひっかけます。2本の糸のテンションを揃えるため右手であやを取ります。

3　2本の糸を引き揃える

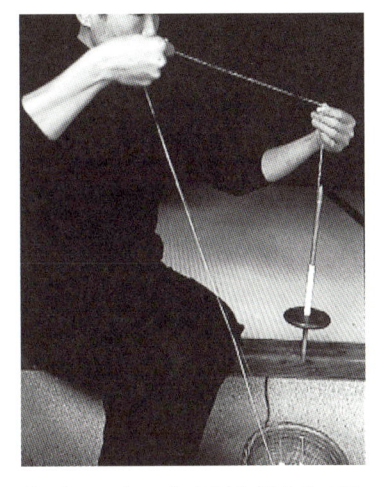

右手は2本の糸を引き揃えながら左手で軸を回し始めます。左手は糸に沿わせながら上げていき、撚りを伝えます。

4　撚りを伝える

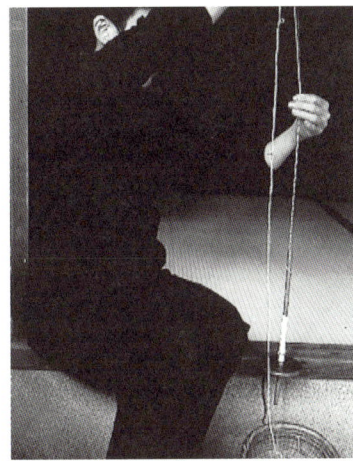

糸に沿って、撚りを伝えます。

5　巻き取る

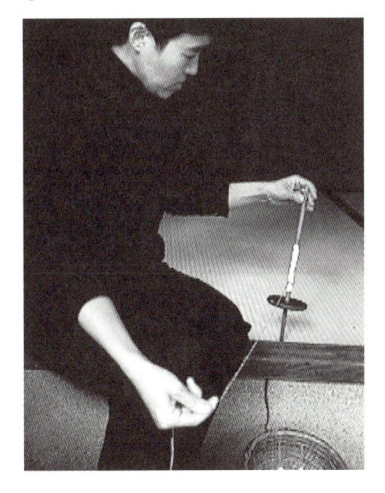

糸を溝から外して紙のボビンに巻き取ります。糸を軸の先にひっ掛けて、また撚り合わせます。この動作を繰り返します。

スピンドルのいろいろ

国によって、紡ぐ素材も、作るものも、スピンドルの形も違います。

ルーマニアやユーゴスラビアで歩きながら紡いでいた女性は、脇に羊毛を抱え込み、30cm程の軸棒を手の平で回転させながら敷物用の太い糸を紡いでいました。ブータンの山岳の人は10g程の小さなコマを膝の上で転がしながら細い糸を紡ぐといいます。アメリカのナバホインディアンはあぐらをかいて座り、長くて重いスピンドルの軸棒を膝の上で転がして太い糸を作り、ラグを織ります。

世界中には色んなスピンドルがあり、太古の昔から人類は、身の周りの様々なものを、このコマ一つで作ってきました。

・スピンドルの長さ・幅（mm）
・スピンドルの重さ／素材
・紡いでいた繊維

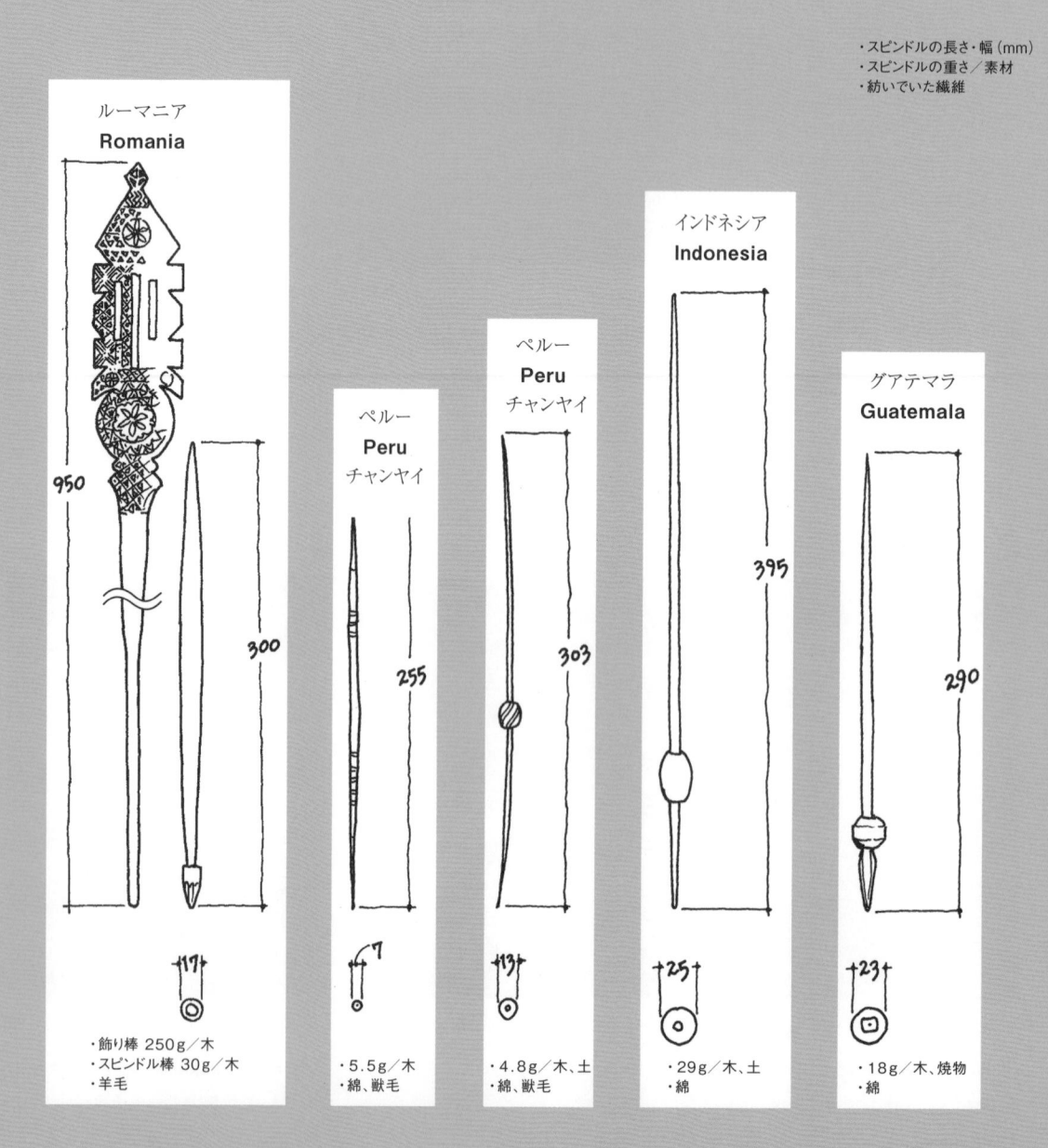

ルーマニア
Romania
950
300
・飾り棒 250g／木
・スピンドル棒 30g／木
・羊毛

ペルー
Peru
チャンヤイ
255
・5.5g／木
・綿、獣毛

ペルー
Peru
チャンヤイ
303
・4.8g／木、土
・綿、獣毛

インドネシア
Indonesia
395
・29g／木、土
・綿

グアテマラ
Guatemala
290
・18g／木、焼物
・綿